Reconnaître et repous- ser la psychologie noire

Comment reconnaître l'influence émotionnelle, démasquer un trouble de la personnalité et des mensonges et repousser les techniques de mani- pulation

Martina Richter

CONTENU

Ce qui vous attend dans ce guide

Vous sentez-vous manipulé et trompé ? Vous faites trop facilement confiance aux gens et vous vous laissez aveugler par eux ? Avez-vous l'impression de toujours tomber sur les mauvaises personnes et d'être finalement surpris par leur froideur ? Ou vous avez surpris un manipulateur et vous voulez comprendre son comportement ? Alors vous avez pris la bonne décision en achetant ce guide.

Un côté obscur se cache dans de nombreuses personnes. Ils utilisent des astuces psychologiques pour manipuler et monter les gens les uns contre les autres . Ils utilisent les gens avec froideur pour atteindre leurs propres objectifs et n'éprouvent que rarement des remords ou des regrets. Vous avez déjà fait l'expérience de personnes froides et vous voulez comprendre leur comportement ? Ce guide a pour but de répondre à toutes vos questions sur le thème de la psychologie noire. Vous apprendrez tout sur le côté obscur de la psychologie. Ce qui la caractérise et comment reconnaître les personnes ayant un côté obscur.

Vous découvrirez la triade sombre de la personnalité et la comprendrez à l'aide d'exemples. En effet, ce n'est qu'après avoir compris ce qui rend une personne avec un côté sombre si dangereuse que vous saurez pourquoi il faut éviter ces personnes autant que possible. Cependant, vous ne reconnaîtrez pas toujours immédiatement une personnalité sombre. La plupart du temps, elles ne révèlent leur vrai visage qu'après des années. C'est pourquoi ce guide vous aidera à reconnaître les signes indiquant qu'une personne aux caractéristiques obscures agit dans votre entourage proche. Vous aurez un aperçu des techniques de tromperie et de manipulation et apprendrez également à détecter les mensonges et l'influence des autres. Dans le dernier chapitre du guide, vous apprendrez à utiliser des astuces psychologiques pour négocier avec succès et convaincre les autres.

Comprendre le côté obscur

QU'EST-CE QUE LE CÔTÉ OBS-CUR ?

Avant d'apprendre à mettre en pratique ces stratégies, vous devez d'abord comprendre ce qu'est le côté obscur de la psychologie. Vous devez comprendre quelles caractéristiques sont attribuées au côté obscur pour pouvoir les identifier. Les comportements socialement et moralement douteux sont généralement attribués à des traits de personnalité sombres. Les personnes chez qui ces traits de personnalité sont plus prononcés se distinguent généralement par un comportement manipulateur, égoïste, égocentrique ou insensible. Cependant, tous les traits de personnalité du côté obscur ne sont pas nécessairement présents avec la même intensité. Cependant, ils ont généralement tous en commun une faible empathie et une compréhension limitée, ainsi qu'une insensibilité prononcée. Bien que de nombreuses caractéristiques du côté obscur soient connotées négativement, elles sont souvent associées à la réussite professionnelle.

Ces dernières années, les scientifiques ont mis au point des tests psychologiques permettant de déterminer les traits de personnalité sombres. Néanmoins, il est difficile d'obtenir des résultats valables, surtout pour les personnes manipulatrices. L'observation et la discussion sont donc tout aussi importantes pour révéler le côté obscur d'une personne.

COMMENT SE FORME-T-ELLE ?

Vous avez maintenant une idée générale des caractéristiques et des comportements qui constituent le côté obscur de la personnalité. Mais comment se développe-t-elle ? Les personnes ayant des traits de personnalité sombres ont-elles souffert ou ont-ils hérité de ces traits ?

Il n'y a pas qu'une seule réponse à ces questions, car plusieurs facteurs sont responsables du développement de notre côté obscur. Je vais maintenant vous présenter ces facteurs.

RÉSULTATS DE LA RECHERCHE ACTUELLE

Pour comprendre pourquoi une personne possède des traits de personnalité sombres, les chercheurs et les scientifiques dans le domaine de la psychologie s'intéressent depuis longtemps aux conditions d'apparition de certaines caractéristiques de la personnalité. Ce qui devrait être clair pour tout le monde, c'est qu'il n'existe pas une expérience unique qui conduirait chaque personne à développer une personnalité sombre. C'est plutôt une combinaison de facteurs génétiques, biologiques et environnementaux qui conduit à l'expression de traits de caractère sombres. Un modèle qui explique bien le développement d'une personnalité sombre jusqu'à un trouble de la personnalité est le modèle de vulnérabilité-stress. Ce modèle part du principe que certaines personnes sont biologiquement plus vulnérables aux troubles mentaux que d'autres. Des traits de personnalité génétiquement innés, tels qu'une forte impulsivité ou une grande sensibilité, peuvent rendre une personne plus vulnérable ou plus susceptible de développer un trouble mental. Pendant l'enfance et l'adolescence, des situations stressantes, telles que des styles parentaux négatifs ou le décès d'un parent, peuvent favoriser le développement d'un trouble mental. De plus, si une personne a peu d'expériences positives, peu de personnes de confiance et qu'elle est exposée à des conditions environnementales peu positives, un trouble mental peut se manifester.

Le développement de certains traits de personnalité, et éventuellement de troubles de la personnalité, repose sur des composantes génétiques qui augmentent la probabilité d'expression de certains traits de personnalité. Des études scientifiques ont démontré que les jumeaux monozygotes ont des traits de caractère plus similaires que les jumeaux dizygotes. Cela signifie que des facteurs génétiques influencent la formation de la personnalité. Si les faux jumeaux présentaient une similitude aussi forte en termes de traits de personnalité, cela serait principalement dû aux conditions environnementales. Néanmoins, on ne peut pas supposer qu'une personnalité sombre existe à travers les générations. Toutes les personnes ayant une composante génétique de traits de personnalité sombres ne les développent pas. Ici encore, le modèle vulnérabilité-stress doit être pris en compte.

En effet, outre la composante génétique, les facteurs environnementaux ont également une influence sur le développement des traits de personnalité. Les chercheurs indiquent que les expériences de séparation et de perte, de négligence et de maltraitance dans l'enfance et l'adolescence peuvent conduire à développer une personnalité sombre. Par exemple, une exposition prolongée à la maltraitance ou à un style d'éducation négatif peut avoir un impact profond sur la gestion de ses propres émotions et sur la gestion des émotions des autres, ainsi que sur la façon dont elle établit des relations avec les autres. En particulier, les personnes présentant des traits narcissiques, tels que le besoin constant d'être le centre d'attention, peuvent avoir souffert d'un manque de chaleur émotionnelle, d'une définition insuffisante des limites et d'un lien entre succès et reconnaissance dans l'enfance, ce qui a conduit à la manifestation de ces traits de personnalité. Ils ne recevaient des éloges, de la chaleur et de l'amour que lorsqu'ils avaient accompli quelque chose de particulièrement grand, et continuent donc à se présenter comme particulièrement grands ou spéciaux à l'âge adulte afin d'être reconnus. Cependant, il est important de noter que le développement de la personnalité de chaque individu est influencé par ses propres expériences. Chaque individu possède un bagage génétique et une capacité de résistance qui lui permettent de développer une personnalité sombre ou une dépression ou de rester en bonne santé mentale lorsqu'il vit une situation difficile.

Les scientifiques et les chercheurs estiment que le développement de la personnalité n'est en grande partie achevé qu'à l'âge de 16 ans. Le diagnostic de trouble de la personnalité, que vous découvrirez tout au long de ce guide, n'est donc pas attribué avant l'âge de 16 ans.

Le noyau sombre de la personnalité

Le noyau sombre de la personnalité se reflète généralement dans le comportement d'une personne. Le noyau sombre consiste en une tendance à maximiser son propre intérêt, sans tenir compte des sentiments et des besoins des autres. Ils cherchent à obtenir un avantage pour eux-mêmes aux dépens des autres. Ils se considèrent comme particulièrement importants et supérieurs. Cela ne signifie pas pour autant que les personnes ayant un noyau sombre ne peuvent pas bien coopérer avec les autres. Pour éviter les sanctions ou pour protéger leur réputation, elles sont généralement très douées pour coopérer avec les autres.

Bien entendu, le noyau sombre de la personnalité n'est pas aussi prononcé chez tous les individus. De même, certains traits de personnalité sombres, comme la manipulation, le mensonge ou l'insensibilité, sont plus prononcés chez une personne que chez une autre. Néanmoins, les traits de personnalité sombres sont liés entre eux. Cela signifie que si vous rencontrez une personne très manipulatrice, il est plus probable qu'elle mente aussi souvent. Ainsi, les trois traits de personnalité sombres sont également liés entre eux. Il s'agit du narcissisme, du machiavélisme et de la psychopathie, également connus sous le nom de triade sombre de la personnalité. Vous allez maintenant apprendre à mieux connaître ces trois traits et à les identifier chez les personnes.

LA TRIADE NOIRE

Vous avez peut-être déjà entendu le terme de triade noire. Il s'agit de trois traits de personnalité bien étudiés qui ont en commun le fait d'atteindre leurs propres objectifs et leurs réussites personnelles au détriment des autres.

Narcissisme : décrit la tendance à se considérer comme plus précieux, plus important, meilleur et plus génial que ce que l'on est réellement. Les personnes narcissiques ont une vision exagérée de leur propre personne, sont très centrées sur elles-mêmes et se distinguent par un jugement exagérément positif sur elles-mêmes. Ils ne tiennent pas compte des sentiments des autres et sont prompts à les blesser émotionnellement.

Ils sont satisfaits d'eux-mêmes et de leur vie, mais veulent à tout moment être admirés par les autres. Au premier abord, un narcissique peut même paraître sympathique, car il est généralement très charismatique et charmant. Il est très éloquent et attire l'attention comme par magie. Mais avec le temps, il devient évident qu'il ne fait tout cela que pour lui-même et qu'il a besoin d'attention et d'admiration pour son ego.

Le narcissique ne supporte pas plus les remarques désobligeantes que les critiques. En revanche, à l'extérieur, il semble immunisé contre toute forme de critique. Bien que nombre de ces traits de caractère soient considérés comme négatifs, ils peuvent, dans une certaine mesure, avoir un effet positif et vous permettre de progresser dans votre travail.

Machiavélisme : englobe les caractéristiques de recherche de pouvoir, de grandeur et d'influence. Les machiavéliques sont cyniques, égoïstes et manipulateurs. Tous les moyens sont bons pour atteindre leurs propres objectifs. Ils élaborent des stratégies et des approches tactiques pour obtenir du pouvoir et de l'influence. Comme ils sont capables de faire preuve d'empathie, ils gagnent rapidement la confiance d'autres personnes et se créent ainsi un réseau dont ils ne peuvent que profiter. Ils acceptent de blesser les autres par leurs actions et ne nouent généralement des amitiés et des relations que si elles leur sont bénéfiques.

Ils profitent souvent de leur entourage et le manipulent. Grâce à leur habileté à se mettre en avant, il leur est facile de nouer des contacts et de rallier les gens à leur cause. Comme un caméléon, le machiavélique est capable de s'adapter avec souplesse à de nouvelles situations et de dissimuler ses mauvais traits de caractère. Il est donc souvent difficile de le démasquer.

Psychopathie : C'est probablement la plus sombre des trois caractéristiques. Les psychopathes sont des menteurs impitoyables, égoïstes et manipulateurs. Ils ne ressentent pas de remords et sont très froids. Ils manquent généralement d'empathie, ce qui leur permet d'exploiter les gens et de ne pas tenir compte des conséquences émotionnelles de leurs actes. Ils n'ont pas de conscience morale.

Ils entretiennent des relations superficielles grâce à leur charme, dans le but d'atteindre leurs propres objectifs. Néanmoins, ils manquent généralement d'objectifs réalistes à long terme et utilisent l'exploitation et la manipulation des gens pour combattre l'ennui naissant. Les psychopathes sont souvent des criminels et on les retrouve dans les établissements pénitentiaires. Dès l'adolescence, la psychopathie s'accompagne d'un comportement délinquant et criminel. En revanche, les "psychopathes qui réussissent" occupent souvent des postes de direction

COMMENT RECONNAÎTRE LES PERSONNALITÉS SOMBRES ?

Vous savez maintenant ce qu'est une personnalité sombre et quelles sont les caractéristiques de la triade sombre de la personnalité. Les personnes présentant ces caractéristiques sont souvent difficiles à côtoyer sur une longue période et il n'est pas rare que l'on regrette après coup d'avoir su reconnaître les signes.

C'est pourquoi vous allez maintenant apprendre à reconnaître une personnalité sombre et à démasquer son comportement utilitaire. Vous devez apprendre à écouter et à observer attentivement afin de percevoir les signes possibles et de lire entre les lignes.

1. Une personne **change souvent de relations et d'amitiés** car elle s'ennuie rapidement, les a déjà exploitées ou manipulées.

2. **relations superficielles**. Elle a du mal à avoir des relations profondes. Elle préfère avoir des contacts nombreux et changeants.

3. **le gentleman charmant**. Leur caractère charmant leur permet de maintenir des relations.

4. **changement de partenaires sexuels**. Après la conquête, ils s'ennuient et veulent passer à autre chose.

5) Une personne ne s'**excuse pas**. Elle n'éprouve pas de remords et ne peut pas reconnaître ses erreurs.

6. **garder le contrôle**. Elle doit prendre les décisions.

7. **peu d'empathie**. La personne a peu d'empathie pour les autres.

8. **l'ambition**.

9. **une estime de soi exagérée**. La personne se considère comme spéciale et a une prétention exagérée à être elle-même.

10. **mensonges**

Un personnage de film bien connu qui, selon le psychologue australien Peter Jonason, est un exemple parfait de personnalité sombre, est Bond. James Bond. En effet, bien qu'il fasse battre le cœur de nombreuses femmes, ses ennemis passent avant tout. Sans se soucier des sentiments de ses semblables, Bond est prêt à tout pour atteindre ses objectifs. Il ne s'intéresse qu'à son propre intérêt et n'hésite pas à marcher sur des cadavres pour l'atteindre. Malgré cela, il est charmant, charismatique et courtois. Il sait se comporter et conquérir le cœur des femmes avec habileté. Il présente une combinaison dangereuse de manipulation, d'absence de scrupules et d'obstination, qui relève de la triade obscure.

Le narcissisme de Bond : voitures et costumes de luxe, attire l'attention, éloquent.

Machiavélisme de Bond : approche tactique, forte concentration sur l'objectif, adaptable de manière flexible aux nouvelles situations.

La psychopathie de Bond : son "permis de tuer" représente la manière impitoyable d'écarter les personnes qui l'empêchent d'atteindre son objectif.

Cependant, une classification aussi claire et une forme aussi pure de la triade noire n'existent généralement que dans les films hollywoodiens. Elle est très rare dans la réalité. Il est donc important d'observer les signes, mais de ne pas tirer de conclusions hâtives.

COMMENT GÉRER LES PER-SONNALITÉS SOMBRES ?

Si vous connaissez une personne qui présente plusieurs de ces caractéristiques, ou qui a peut-être même déjà profité de vous sans scrupules et avec un cœur froid, comment devriez-vous vous comporter avec elle ? Dans le chapitre suivant, vous apprendrez ce que vous devez prendre en compte lorsque vous traitez avec des personnes à la personnalité sombre.

Le narcissisme :

1. **Une approche prudente** : les personnes présentant des traits de personnalité narcissiques sont très sensibles. Les critiques doivent donc être formulées avec précaution et prudence. Essayez de formuler vos critiques sous forme de messages précis à la première personne. "Je souffre quand tu n'honores pas tes rendez-vous".

2. **Ne pas s'attendre à des excuses**. Une personne ayant des traits narcissiques ne peut pas admettre qu'elle a fait une erreur. Cela ne correspond pas à l'image grandiose qu'elle a d'elle-même.

3. **Demander, pas exiger** : ne vous attendez pas à ce qu'une personne narcissique réponde à votre demande. Néanmoins, les demandes sont généralement plus efficaces que les exigences.

4. **Garder le focus** : Les narcissiques sont généralement doués pour détourner le sujet et essayer de mettre en avant leurs propres objectifs et besoins. Gardez le focus et ne vous laissez pas détourner de vos objectifs.

5. **Renforcer les compétences en communication** : Prenez conscience de ce que vous voulez atteindre par votre communication. Le langage est un pouvoir.

6. **Présenter des faits objectifs** : Le narcissique essaie souvent de se placer dans un rôle de "victime". Expliquez-lui clairement pourquoi ce n'est pas le cas en vous appuyant sur des faits objectifs.

7. **Protégez vos propres limites** : Pour un narcissique, les règles et les limites n'existent pas. Il pense qu'il est au-dessus de tout. Vous ne devez donc rien accepter qui dépasse vos propres limites et votre morale.

8. **Gardez vos distances** : Si vous vous sentez dépassé par les événements, prenez vos distances. Vous ne pouvez pas changer un narcissique.

9. **Nourrir l'ego** : Si vous n'avez pas la possibilité d'éviter le narcissique ou de garder vos distances dans une situation donnée, il est utile de nourrir votre ego avec des compliments. Bien que cela puisse être difficile, c'est mieux que de devenir la cible de l'agressivité narcissique.

10. **Sachez que le problème ne vient pas de vous** : Les personnes ayant des traits narcissiques ne communiqueront pas avec vous d'égal à égal, car elles se considèrent comme spéciales et meilleures que les autres.

Machiavélisme :

1. **Vérifiez la véracité des déclarations** : le machiavélisme est très déterminé et manipulateur. Protégez-vous en vérifiant la véracité de ses déclarations.

2. **Remettez en question ses intentions** : Une personne machiavélique vous dit tout ce que vous voulez entendre pour atteindre vos propres objectifs. Vous devez donc vous demander quelles sont ses intentions.

3. **ne vous laissez pas aveugler** : Car contrairement aux psychopathes et aux narcissiques, vous pouvez paraître très empathique.

4. **ne pas céder** : Les machiavéliques sont doués pour la négociation. Faites-lui comprendre votre attitude et votre position. Toutefois, ne le mettez pas en colère.

5. **restez aimable et ferme** : Ne vous prenez pas pour cible en réagissant avec défiance dans les conversations. En communiquant de manière amicale et ferme, vous lui faites comprendre que vous communiquez au même niveau.

6. **la percussion** : se défendre contre la manipulation du machiavélique avec la percussion vise à créer une distance et à vous donner quelques secondes pour réfléchir tout en disant "non".

7. **protégez vos propres limites** : Même pour un machiavélique, les règles et les limites n'existent pas. Il pense qu'il est au-dessus de tout. Vous ne devez donc rien accepter qui dépasse vos propres limites et votre morale.

8. **gardez vos distances** : Là encore, si vous êtes dépassé par les événements, prenez vos distances. Vous ne pouvez pas changer un machiavélique.

9. **Nourrir son ego** : si, dans une situation donnée, vous n'avez pas la possibilité d'éviter le machiavélisme ou de garder vos distances, il est également utile de nourrir son ego de compliments.

10. **Sachez que le problème ne vient pas de vous** : Les personnes machiavéliques ne communiqueront pas d'égal à égal avec vous.

La psychopathie :

1. **Faites confiance à votre instinct** : si la personne en face de vous vous semble menaçante, faites-lui confiance et prenez vos distances.

2. **Gestes et expressions affirmés** : les psychopathes manipulent rarement les personnes qui ont une attitude affirmée.

3. **Ne montrez aucune faiblesse** : un psychopathe se concentre sur les faiblesses des autres afin de pouvoir les exploiter.

4. **soyez prudent** : ne vous mettez jamais au même niveau qu'un psychopathe. Il est professionnel dans ce qu'il fait.

5. **protégez vos propres limites** : Même pour un psychopathe, les règles et les limites n'existent pas. Vous ne devez donc pas accepter des choses qui dépassent vos propres limites et votre morale.

6) **Réagissez avec calme** : Le psychopathe s'ennuie rapidement et risque de vous lâcher pour trouver une occupation.

7. **ne restez pas seul** : parlez de votre problème à vos amis ou à votre entourage. Ensemble, il est plus facile de lutter contre un psychopathe.

8. **gardez vos distances** : Là encore, gardez vos distances. Vous ne pouvez pas changer un psychopathe.

9. **dénoncer les faits** : N'hésitez pas à dénoncer les actes du psychopathe en cas d'infraction grave. Le psychopathe est sans scrupules. Il y a de fortes chances que cela se reproduise.

10) Sachez que le problème ne vient pas de vous : Les personnes présentant des traits psychopathiques ne communiqueront pas avec vous sur un pied d'égalité

N'hésitez pas à demander de l'aide. Vous ne savez jamais jusqu'où une personne ayant des traits de personnalité sombres pourrait aller pour atteindre ses objectifs. Cependant, la majorité des personnes ne présentent que des traits de personnalité sombres. Il est très rare de trouver une forme pure de personnalité sombre.

PERSONNALITÉS SOMBRES DANS L'ENVIRONNEMENT DE TRAVAIL

Dans votre environnement de travail, vous rencontrerez certainement des personnes à la personnalité sombre. La meilleure chose à faire dans une telle situation serait certainement de prendre vos distances et d'éviter la personne en question. Mais cela n'est généralement pas une solution viable, surtout au bureau et dans le cadre d'un travail d'équipe. Les personnes ayant des traits de personnalité machiavéliques sont particulièrement fréquentes à l'étage de la direction. Elles sont considérées comme des personnes compétitives et affirmées.

A première vue, cela peut apporter de nombreux avantages à l'entreprise. Mais si l'on y regarde de plus près, il devient vite évident que les employés souffrent d'un tel management. Les capacités de gestion d'un dirigeant machiavélique sont généralement jugées insuffisantes au fil du temps et les employés sont éloignés par son comportement manipulateur.

Les personnes présentant des traits de personnalité narcissiques sont également convaincantes au premier abord, surtout lors des entretiens d'embauche. Ce n'est qu'avec le temps que le véritable caractère d'un collègue ou d'un chef narcissique se révèle. Ils montrent leur comportement égoïste et manipulateur et les employés qui travaillent avec eux sont généralement rapidement épuisés et épuisés. Pour éviter les luttes de pouvoir avec eux, le mieux est de clarifier à l'avance les domaines de responsabilité et de fixer des limites claires. Comme ils sont particulièrement susceptibles de se vexer et de se venger, il est important d'éviter les reproches et les menaces.

Les psychopathes peuvent également être rencontrés sur le lieu de travail. La collaboration commence généralement de manière normale, mais son vrai visage se révèle au fil du temps. Les valeurs, la morale et les accords n'existent pas pour lui. Il se montre froid, calculateur et sans cœur. Il est frappant de constater que plus le niveau hiérarchique est élevé, plus les dirigeants présentent des traits psychopathiques. Différentes études font état d'un taux allant jusqu'à 20 %. Le chemin est souvent long jusqu'à ce qu'un psychopathe soit démasqué dans son environnement de travail et doive finalement quitter l'entreprise. Là encore, il est utile de se confier à un collègue de confiance ou même au service du personnel. Ne le laissez pas vous isoler et agissez de manière cohérente.

10 conseils généraux à suivre si vous rencontrez dans votre environnement de travail une personne présentant des traits de personnalité sombres :

1. documenter précisément les incidents critiques

2. se confier à une personne de référence

3. ne pas se laisser isoler

4. montrer les limites.

5) Soyez conscient de vos propres forces.

6. ne vous engagez pas dans des jeux.

7. faire une pause sur les sujets qui fâchent.

8. faire preuve de confiance en soi

9. rester sur le plan factuel

10. essayez de garder vos distances et de garder vos distances.

PERSONNALITÉS SOMBRES DANS LE PARTENARIAT

Bien que les personnes ayant des traits de personnalité sombres aient du mal à s'engager dans des relations, les narcissiques, en particulier, aspirent à l'amour et à la reconnaissance. Mais une personnalité sombre est-elle capable d'aimer quelqu'un d'autre ? Et comment devriez-vous vous comporter avec un(e) partenaire qui présente des traits de personnalité de la triade noire ? Une relation peut-elle fonctionner ?

A cette dernière question, le psychothérapeute Claas-Hinrich Lammers donne une réponse claire : "Cela dépend entièrement de votre propre capacité à souffrir". Une relation avec un narcissique, un machiavélique ou même un psychopathe peut être épuisante et éprouvante. La plupart du temps, les gens ne se rendent même pas compte qu'ils s'engagent dans une relation avec une personne ayant des traits de personnalité sombres. Il est bien connu que l'amour rend aveugle. Mais si vous voyez ces signes, vous devriez regarder de plus près derrière la façade de votre partenaire :

1. il/elle est obsédé(e) par la victoire. Tout est une compétition.

2. il/elle a une faible tolérance à la frustration

3. il/elle a des secrets

4. il/elle veut le pouvoir.

5. il/elle ment

6. à cause d'elle/de lui, les autres négligent les contacts sociaux

7. il/elle est très charmant(e)

8. il/elle n'a pas de morale

9. il/elle n'a pas de limites

10. il/elle menace souvent de mettre fin à la relation

Un narcissique comme partenaire

Comme les narcissiques aiment être au centre de l'attention et qu'ils ont besoin de beaucoup d'attention, ils ont tendance à rechercher une partenaire moins sûre d'elle et moins sûre d'elle dans la vie.

En tant que partenaire, vous devez vous soumettre à votre partenaire narcissique. Dans la relation, vous devrez supporter de nombreuses humiliations et crises de colère. Il vous demandera beaucoup de compréhension, mais ne vous en accordera aucune. Chassez de votre esprit l'idée de pouvoir changer votre partenaire narcissique, car cela n'arrivera pas. Un narcissique ne peut pas être changé.

Néanmoins, une relation avec un narcissique peut présenter des avantages : Vous ne vous ennuierez jamais, vous rencontrerez beaucoup de nouvelles personnes, il sera un bon protecteur et vous fera de superbes cadeaux pour vous mettre en valeur. Mais en raison des difficultés massives à gérer les personnes narcissiques, le couple est généralement marqué par des problèmes qui finissent par conduire à la séparation. La rupture avec un partenaire narcissique est généralement particulièrement difficile, car il perçoit "l'abandon" comme une critique personnelle de lui-même. Une séparation continue de ronger sa dignité et son estime de soi des années plus tard. Il tentera par tous les moyens d'éviter la séparation. Une dépendance émotionnelle construite au fil des années devient particulièrement évidente à ce moment-là. Vous devez rester forte et ne pas vous laisser piéger par lui.

Un partenaire machiavélique

Comme les machiavéliques savent particulièrement bien se camoufler, il peut se passer des années avant que vous ne démasquiez votre partenaire. Ils se placent au-dessus de leur partenaire et le manipulent. Le vrai visage du machiavélique est progressivement révélé par un comportement immoral et égoïste.

Comme il est très avide de pouvoir, il peut aussi arriver qu'il contrôle fortement sa partenaire. Une relation avec eux est faite de nombreux bas, mais aussi de hauts. La plupart du temps, sa partenaire est prise dans un cercle vicieux d'amour et de souffrance. Il peut donc se passer beaucoup de temps avant que vous ne preniez la décision de vous séparer de votre partenaire machiavélique. Les femmes fortes avec un sens aigu de leur propre valeur sont particulièrement susceptibles de vouloir se séparer de lui. Si vous vous séparez de lui, veillez à rompre les dépendances affectives et à remettre en question les intentions de son comportement. De même, elles souhaitent généralement rester amies avec leur ex-partenaire pour des raisons pratiques.

Un psychopathe comme partenaire

Les psychopathes sont souvent difficiles à cerner au début d'une relation. Ils sont de véritables maîtres dans l'art de gâter leur partenaire avec des cadeaux, mais aussi sexuellement. La conquête d'une femme est pour lui un jeu fascinant et excitant. Cependant, une fois qu'il vous a conquise, son comportement change généralement rapidement. Il veut se sentir supérieur et commence à cacher des choses.

Il ne veut être responsable de rien, veut vous contrôler et devient rapidement agressif et même envahissant. C'est au plus tard à ce moment-là que vous devez tirer la sonnette d'alarme. Si vous souhaitez vous séparer de votre partenaire aux traits psychopathes, vous devez tenir compte de quelques éléments. Il n'éprouvera ni culpabilité ni remords pour les actes dont vous l'accusez. Il ne s'excusera pas non plus pour quoi que ce soit. Dans son esprit, vous êtes sa propriété, qu'il peut utiliser à sa guise. Il se considère comme une personne qui quitte les autres et qui n'est pas abandonnée par sa partenaire. Il fera tout pour vous garder avec lui. Cela peut aller jusqu'à des menaces. Il essaiera de vous présenter sous un mauvais jour afin de ne pas être lui-même un perdant. Si possible, confiez-vous à une personne de confiance ou demandez de l'aide à un professionnel. Un psychopathe est rusé et ne ménagera pas ses efforts pour vous garder auprès de lui. Restez fort et sachez qu'il n'a pas d'empathie ni de morale et qu'il peut donc être dangereux.

Karin, 51 ans, a raconté sa relation avec un psychopathe dans une interview accordée à un magazine :

"Au bout de deux mois, il m'a demandé de l'épouser". Il m'a dit que j'étais la femme de sa vie. Au cours des mois qui ont suivi, j'ai ignoré beaucoup de choses, je le sais aujourd'hui. Si j'avais été lucide, j'aurais dû me poser des questions sur le fait que je ne pouvais même pas regarder les autres hommes. Il craignait donc déjà pour notre grand amour, comme il me l'a expliqué avec insistance . *Lui-même flirtait à tout va* avec la serveuse du restaurant. Quand je lui ai parlé, il m'a dit que c'était des conneries, que je me trompais complètement. J'aurais également dû me méfier du fait qu'il m'arnaquait comme une oie de Noël. *Il me laissait tout payer*, même si nous gagnions tous les deux autant, lui en tant qu'assureur et moi en tant que consultante en médias. Il n'avait tout simplement pas d'argent sur lui au restaurant et il n'était jamais gêné. Et j'aurais aussi dû remarquer qu'il faisait fuir mes amis les uns après les autres". Interviewé par "Idée pour moi".

PERSONNES CÉLÈBRES AYANT DES TRAITS DE PERSONNALITÉ SOMBRES

On attribue à de nombreuses personnalités créatives et à succès des traits de personnalité sombres. Vous avez peut-être vous-même entendu des rumeurs et des accusations. Ce chapitre vous présente des personnalités dont on dit qu'elles ont des traits de caractère sombres.

Ces citations n'ont cependant aucun rapport avec un trouble de la personnalité diagnostiqué et vous servent uniquement à illustrer les troubles. Essayez de deviner quel trait de caractère sombre la personne incarne en vous basant sur les récits.

"Imaginez ce chef : Il a une envie perverse de rabaisser les autres. Ses crises de colère sont légendaires. Des déclarations telles que "Espèce de connard, tu fais tout de travers" lui arrivent toutes les heures. Il est totalement dépourvu d'empathie. Il utilise son charme pour embobiner les gens quand il le juge opportun. Il ignore la réalité et prétend être quelqu'un de spécial. La morale ne compte pas. Il trahit sans scrupule son meilleur ami. En même temps, il est très charismatique. Selon une étude de l'Insead, cet homme est le manager le plus performant de tous les temps : Steve Jobs". (Johannes Steyrer, derstandard.at, 07.06.2014). Psychopathie

"Dans le cas du président, il est évident que son besoin psychologique est de paraître invulnérable comme Superman. Pour maintenir une façade aussi grandiose, quelqu'un avec un ego aussi faible est même prêt à sacrifier la vie des autres. Chaque moment éveillé de sa vie, il se demande comment faire pour que les gens m'admirent. Parce que sinon, je ne peux pas respirer. Telle est son obsession. C'est dur de devoir mener sa vie ainsi". (Dr Ramani Durvasula à propos de Trump, deutschlandfunk.de, 14.10.2020). Narcissisme

"La fascination pour le dirigeant fort et charismatique ne s'est jamais éteinte. Il persuade son peuple qu'il peut faire des miracles, qu'il représente la nation. C'est ce que [...] [ils] font habilement. En se dotant d'un surmoi virtuel, ils apparaissent plus qu'ils ne sont en réalité. Ils sont des sauveurs et des résolveurs de problèmes - cela passe bien dans notre monde de plus en plus complexe. Et quand on est doté de ce charisme, on n'a plus de comptes à rendre à personne. [...] Le machiavélisme suggère la puissance, la capacité de se défendre. Le machisme fait partie de la représentation puissante de soi, comme par exemple les images [...] [de l'un d'eux] torse nu. Tout cela doit véhiculer un message de puissance et de force". (Gudrun Dometeit, à propos de Poutine et Erdoğan, Fokus Magazin online, Politik und Gesellschaft, 26.03.2017). Machiavélisme

Troubles de la personnalité

De nombreuses personnes présentent des traits de personnalité de la triade noire. Mais peu d'entre eux présentent un trouble de la personnalité prononcé. Mais qu'est-ce qu'un trouble de la personnalité et combien de personnes présentent un trouble de la personnalité sombre ? Vous trouverez les réponses à ces questions dans ce chapitre.

Un trouble de la personnalité est un trouble mental qui s'accompagne d'une modification de la structure de la personnalité. Les personnes souffrant d'un trouble de la personnalité ont un comportement inadapté dans leurs relations et dans les situations quotidiennes. Ce comportement persiste dans le temps et dans différentes situations. Au fil du temps, cela crée une souffrance chez la personne concernée.

Le diagnostic de trouble de la personnalité est rarement attribué avant l'âge de 16 ans, car jusqu'à cet âge, la personnalité d'une personne continue d'évoluer. Les troubles de la personnalité liés aux caractéristiques de la triade noire sont le trouble de la personnalité narcissique et le trouble de la personnalité dissociative.

Fréquence et répartition par sexe

En France, environ 8 % des adultes souffrent d'un trouble de la personnalité. Les femmes sont aussi souvent touchées que les hommes. Le trouble dissociatif de la personnalité constitue une exception. Les hommes sont jusqu'à trois fois plus touchés par ce trouble que les femmes. Le trouble dissociatif de la personnalité concernerait environ 3 % des hommes allemands et 1 % des femmes allemandes. Si l'on considère le trouble de la personnalité narcissique, jusqu'à 2,5 % des hommes et des femmes allemands souffrent de ce trouble de la personnalité. Comme ces deux troubles sont relativement rares dans la population, les psychologues et les psychiatres utilisent souvent le terme d'accentuation de la personnalité lorsqu'ils ne sont pas en présence d'un trouble clinique complet.

QU'EST-CE QU'UN TROUBLE DE LA PERSONNALITÉ NARCISSIQUE ?

Dans le cas d'un trouble de la personnalité narcissique, les personnes concernées présentent les caractéristiques du narcissisme de la triade obscure. Elles sont peu empathiques, surestiment leurs propres capacités et recherchent l'attention et la reconnaissance. Elles exagèrent, mentent, trompent, manipulent et réagissent plus intensément que les autres personnes aux critiques et au rejet.

Cependant, dans le cas d'un trouble de la personnalité narcissique, les caractéristiques sont si prononcées que la personne concernée en souffre elle-même. Elle ne s'adapte pas bien aux circonstances extérieures. Son fort désir de reconnaissance et d'admiration lui fait généralement obstacle. Le trouble de la personnalité narcissique se manifeste donc lorsqu'une personne présente des traits de personnalité narcissique très prononcés et en souffre. Cependant, les narcissiques ne révèlent pas toujours leurs traits de caractère. Outre les narcissiques ouverts, qui dévoilent leur grandiloquence et leur supériorité évitée, il existe également des narcissiques cachés. Ils sont aimables, généreux et serviables. Mais cela ne sert qu'à se mettre en valeur par leurs actions altruistes.

Le narcissisme peut également se caractériser par la vulnérabilité et la fermeture. Contrairement aux narcissiques grandioses qui dévoilent leurs prétentions excessives à être eux-mêmes, les narcissiques dissimulés et vulnérables sont difficiles à diagnostiquer. Le plus souvent, le trouble de la personnalité narcissique s'accompagne d'autres troubles psychologiques tels que les troubles alimentaires, la dépression et l'abus de drogues. Le trouble de la personnalité narcissique est une maladie à prendre au sérieux et peut avoir de graves conséquences si elle n'est pas traitée correctement.

COMMENT RECONNAÎTRE UN TROUBLE DE LA PERSONNALITÉ NARCISSIQUE ?

En Allemagne, le diagnostic du trouble de la personnalité narcissique est établi selon le "Système international de classification des troubles mentaux" (CIM-10). Il contient des critères dont un certain nombre doivent être remplis pour pouvoir poser le diagnostic de trouble de la personnalité narcissique.

L'établissement d'un diagnostic nécessite plusieurs entretiens intensifs et du matériel psychologique de test peut également être utilisé. En tant que profane, vous ne devez donc pas vous baser sur les critères pour distribuer librement le diagnostic et étiqueter les autres. Néanmoins, les critères vous permettent d'évaluer si une consultation chez un psychologue, un psychiatre ou un psychothérapeute doit être envisagée.

Les critères suivants sont proposés pour le diagnostic (CIM-10, p. 349) :

1. **sentiment de grandeur par rapport à sa propre importance** (par exemple, exagération de ses propres performances)
2. **s'engager dans des fantasmes de succès illimité, de pouvoir, d'éclat, de beauté ou d'amour idéal**
3. **il/elle est convaincu(e) d'être spécial(e) ou unique**. Seules les personnes qui sont également spéciales peuvent être avec lui ou le comprendre.
4. **besoin d'admiration excessive.**
5. **attente non fondée d'un traitement spécial ou préférentiel de la part des autres**
6. **utiliser les autres pour atteindre ses propres objectifs**
7. **manque d'empathie**.
8. **l'envie.**
9. **comportement arrogant et hautain**.

En général, le comportement doit persister à travers les situations et ne devrait pas être socialement ou culturellement accepté.

QU'EST-CE QU'UN TROUBLE DIS-SOCIATIF DE LA PERSONNALITÉ ?

Après avoir découvert le trouble de la personnalité narcissique, vous allez maintenant découvrir le trouble de la personnalité dissociative. Le trouble de la personnalité dissociative est également appelé trouble de la personnalité antisociale. Comme son nom l'indique, le comportement des personnes concernées est caractérisé par l'irresponsabilité et la manipulation.

L'accent est mis sur le non-respect et la violation des droits fondamentaux d'autrui. Tout comme les psychopathes, les personnes souffrant d'un trouble dissociatif de la personnalité ne manifestent pas de remords. Elles agissent de manière très impulsive, ce qui les rend dangereuses et impénétrables. De plus, elles présentent rapidement des comportements agressifs. Elles détruisent les biens d'autrui, volent ou maltraitent des animaux ou des personnes. Ils trichent et trompent, et peuvent même essayer de dissimuler leurs actes sous un nom d'emprunt. Les personnes souffrant d'un trouble dissociatif de la personnalité sont passées maîtres dans l'art de la manipulation et du mensonge. La plupart du temps, elles ne le font que pour leur propre plaisir ou pour atteindre leurs propres objectifs. Des actes dissociés tels que la torture d'animaux, le harcèlement à l'école ou même le vol d'objets peuvent être observés dès l'enfance ou l'adolescence, avant même que le diagnostic ne soit posé. Il est également frappant de constater que la proportion de personnes souffrant d'un trouble dissociatif de la personnalité est nettement plus élevée dans les établissements pénitentiaires que dans la population générale. Néanmoins, cela ne signifie pas que toute personne souffrant d'un trouble dissociatif de la personnalité devient automatiquement délinquante et criminelle.

Le trouble dissociatif de la personnalité s'accompagne souvent d'une consommation accrue de substances telles que l'alcool ou la dépression, ainsi que de psychopathie. Contrairement aux psychopathes, les personnes souffrant d'un trouble dissociatif de la personnalité ne peuvent pas camoufler aussi bien leur comportement. Les personnes souffrant d'un trouble dissociatif de la personnalité n'ont généralement pas l'attitude charmante et attentionnée des psychopathes au début. Néanmoins, il existe de nombreux recoupements entre les deux types de troubles.

COMMENT RECONNAÎTRE UN TROUBLE DISSOCIATIF DE LA PERSONNALITÉ ?

Comme le trouble de la personnalité narcissique, le diagnostic du trouble de la personnalité dissociée ou antisociale est établi en Allemagne selon le "Système international de classification des troubles mentaux" (CIM-10). Ici aussi, l'établissement d'un diagnostic précis nécessite plusieurs entretiens intensifs et également des examens psychologiques de test.

Vous ne devez jamais prendre à la légère l'hypothèse qu'une personne présente un trouble de la personnalité dissociative. Les critères de la CIM-10 peuvent donner des indications sur la présence éventuelle de ce trouble. Toutefois, le diagnostic ne doit être posé que par des professionnels formés.

Les critères suivants sont proposés pour le diagnostic (CIM-10, p. 239 et suivantes) :

1. l'insensibilité.

2.attitude persistante et irresponsable, non-respect des normes.

3. pas de relations durables

4. très faible tolérance à la frustration.

5. pas de culpabilité

6. accuser autrui de sa propre faute.

LES TROUBLES DE LA PERSONNALITÉ PEUVENT-ILS ÊTRE TRAITÉS ?

Oui, en général, les troubles de la personnalité peuvent être traités avec un soutien psychothérapeutique. Cependant, le premier obstacle à franchir est celui de la recherche d'aide. Il est souvent difficile pour les personnes concernées de chercher ou d'accepter de l'aide. Comme le trouble de la personnalité est un trouble du "je", les personnes concernées ne se rendent généralement pas compte que leur comportement est inapproprié. Le terme "syntonie du moi" signifie que les personnes concernées ressentent leurs impulsions et leurs sentiments comme faisant partie d'elles-mêmes.

Ils se sentent en harmonie avec eux-mêmes et avec leur environnement. C'est pourquoi les proches ou les personnes de confiance cherchent souvent de l'aide et du soutien, car ils ont eux-mêmes développé des problèmes psychologiques suite à des situations difficiles avec la personne concernée. Comme le trouble de la personnalité existe généralement depuis des années avant que la personne concernée ne cherche de l'aide, la thérapie prend également beaucoup de temps. Bien que les personnes concernées soient généralement peu motivées au début d'une thérapie, des améliorations significatives peuvent être observées grâce à celle-ci. Elles apprennent à gérer des sentiments et des pensées difficiles et désagréables et à modifier ou changer des comportements concrets. Les relations interpersonnelles peuvent également être abordées et traitées. Une thérapie ne peut pas changer la personnalité d'une personne. Mais certaines techniques apprises permettent de mieux maîtriser les situations quotidiennes et les conflits stressants. Cela permet à la personne concernée d'établir et de maintenir de meilleures relations avec les autres.

Si l'origine du trouble de la personnalité développé se situe dans l'enfance, une thérapie fondée sur la psychologie des profondeurs peut être bénéfique. La thérapie se concentre sur l'analyse et le traitement des relations traumatisantes et difficiles vécues dans l'enfance. Les programmes de thérapie cognitivo-comportementale visent en revanche à entraîner les compétences sociales. Grâce à des jeux de rôle ou à des thérapies de groupe, les personnes concernées apprennent quel comportement est approprié dans certaines situations. Les thérapies cognitivo-comportementales et la psychologie des profondeurs ont toutes deux une efficacité moyenne à élevée.

Cependant, le traitement du trouble dissociatif de la personnalité est particulièrement difficile, car les personnes concernées ne sont pas en mesure d'établir une relation de confiance avec le thérapeute en raison d'un manque de chaleur émotionnelle et d'empathie. Le désir intérieur de pouvoir et de violence ne peut pas être éteint par une thérapie. Cependant, les personnes concernées peuvent apprendre à mieux contrôler leurs pulsions si elles s'y autorisent.

VOUS VOUS RETROUVEZ DANS LES DESCRIPTIONS ?

Si, après la description des troubles, vous avez l'impression que nombre de ces caractéristiques s'appliquent également à vous, vous devriez chercher un soutien. Un entretien diagnostique avec un psychothérapeute vous permettra d'y voir plus clair. En règle générale, ils sont également pris en charge par l'assurance maladie. Vous ne devez pas avoir honte de vos soupçons et de votre comportement, ni en parler à votre employeur ou à d'autres personnes. Un psychothérapeute est également soumis au secret médical, de sorte que rien de ce que vous dites ne sort de la pièce. Ce n'est que si vous représentez un danger pour vous-même ou pour d'autres personnes qu'un thérapeute est tenu d'agir.

Toutefois, si vous n'osez pas consulter un thérapeute immédiatement, confiez-vous à une personne de confiance. Parler à une personne de confiance et faire face à ses craintes liées à la thérapie peut généralement aider. Il existe également de nombreuses possibilités d'aide sur Internet. Il peut également être plus facile pour vous de parler avec des personnes partageant les mêmes idées que vous. Outre les nombreux forums sur Internet, vous pouvez également envisager une thérapie de groupe. Il n'y a pas de quoi avoir honte d'une maladie mentale. Surtout si l'on considère que près d'une personne sur quatre souffre d'une maladie mentale.

Reconnaître les techniques obscures de la psychologie

Vous savez maintenant tout sur la triade sombre de la personnalité et les deux troubles de la personnalité sombre. Vous savez que les personnalités sombres utilisent principalement la manipulation, le mensonge et l'exploitation pour parvenir à leurs fins. Mais une fois que vous avez identifié une personnalité sombre, comment parvenez-vous à démasquer ses ruses de manipulation et ses mensonges ? Dans ce chapitre, vous obtiendrez précisément une réponse à cette question. Vous apprendrez à démasquer les mensonges et la manipulation et à utiliser vous-même des tactiques de persuasion. La plupart du temps, ce n'est pas si simple et cela demande un peu de pratique et de confiance en ses propres capacités.

DÉMASQUER LES MENSONGES

Personne n'aime se faire mentir et manipuler. Mais parfois, il n'est pas si facile de prendre quelqu'un en flagrant délit de mensonge. Les personnes ayant des traits de personnalité sombres ont généralement des années d'expérience dans le domaine de la tromperie et de la manipulation. Il est donc très difficile de percer à jour leurs véritables intentions. Elles ne s'énervent pas aussi facilement que les autres lorsqu'elles mentent.

Néanmoins, vous pouvez vous aussi apprendre les comportements auxquels vous devez faire attention pour démasquer un mensonge chez votre interlocuteur. Une personne qui n'a rien à cacher vous donnera en général une réponse simple et courte. Par exemple, à la question de savoir si vous avez volé quelque chose, une personne innocente aura tendance à répondre par un "non" clair. Une personne coupable qui veut dissimuler son acte utilisera généralement différentes techniques et tactiques pour convaincre l'autre de son innocence.

Les menteurs commencent souvent leur réponse à une question posée en la répétant. Cela leur donne le temps de réfléchir à la manière d'embellir leur mensonge de manière crédible. Vous pouvez partir du principe que si vous attendez 5 secondes avant de répondre, votre interlocuteur vous mentira. C'est le temps qu'il faut au cerveau pour inventer un mensonge. Les menteurs ont la même arrière-pensée lorsqu'ils répètent les réponses et les questions au cours de la conversation. De plus, la répétition a pour but de souligner et de clarifier ce qui a été dit. Les menteurs font également souvent référence à des mensonges antérieurs dans une telle conversation. Ils font alors référence à une réponse antérieure telle que : "Je vous ai déjà dit la semaine dernière que je n'avais pas volé les lunettes". De son point de vue, cette référence ne fait que répéter un mensonge antérieur et ne trompe donc pas à nouveau son interlocuteur. Une autre tactique qui vous permet de savoir assez rapidement si votre interlocuteur vous ment est la diversion. Si votre interlocuteur tente de répondre à une question simple de manière très étendue et alambiquée, vous pouvez être sûr qu'il essaie de dissimuler son véritable acte. Une prise de position claire sur votre question est ainsi évitée.

La plupart du temps, les expressions faciales et les gestes peuvent également vous indiquer si votre interlocuteur vous ment. Comme les personnes à la personnalité sombre ont généralement une grande expérience du mensonge et de la manipulation, il est particulièrement difficile de savoir si elles sont en train de mentir ou non en observant leurs expressions faciales. Elles ont appris à contrôler leurs expressions faciales et leurs gestes, généralement au fil des années. Les signes suivants peuvent néanmoins vous aider à démasquer un maître du mensonge et de la tromperie :

1. **Cligner fréquemment des yeux**. Vous devez cependant savoir combien de fois une personne cligne des yeux dans une conversation normale pour pouvoir faire une comparaison.

2. **Les joues rouges**. Le rougissement est difficile à réprimer, c'est pourquoi il est un bon indice pour démasquer un mensonge.

3. **un mouvement excessif**. Une agitation et un mouvement soudains après avoir posé une question doivent vous mettre sur vos gardes. Cela peut être associé à une nervosité naissante lors de l'énoncé d'un mensonge.

4. **votre interlocuteur commence à faire le ménage**. D'autres activités, parfois sans importance, sont effectuées pendant la conversation. Il se peut que vous soyez nerveux ou que vous cherchiez à vous distraire.

5. des **yeux grands ouverts**. De grands yeux écarquillés sont synonymes de surprise, de peur et de panique. Votre interlocuteur a alors généralement besoin de quelques instants pour préparer sa réponse.

6. **transpiration, tremblements ou déglutition fréquente**. Le plus souvent, des réactions physiques observables accompagnent le mensonge.

7. **la distance est augmentée**. Les personnes qui se sentent prises en flagrant délit de mensonge commencent généralement à augmenter inconsciemment la distance spatiale qui les sépare de leur interlocuteur.

8. **position du corps croisée**. De nombreuses personnes adoptent inconsciemment une attitude défensive
lorsqu'elles mentent. Elles croisent les bras ou détour-
nent leur corps de leur interlocuteur.

9. **les gestes et les expressions faciales ne** correspondent pas à ce qui est dit. Souvent, l'interlocuteur
acquiesce alors qu'il dit clairement "non".

10. **les expressions faciales ne correspondent pas**.
Les yeux et la bouche ne disent pas la même chose. La
plupart du temps, le rire est le meilleur moyen de savoir si la personne en face de vous est sérieuse ou si
elle ment. Si les yeux ne rient pas avec vous, vous pouvez en déduire que votre interlocuteur essaie de vous
tromper.

11. **trop de détails**. Pour paraître plus crédibles, ils ag-
rémentent leur mensonge de nombreuses petites informations, généralement inutiles.

Mais en plus de ces signes, vous pouvez également
voir si votre interlocuteur préfère fuir la situation en
observant son langage corporel et sa posture. La position des pieds est un bon indice. Si vous souhaitez vous

échapper d'une conversation, vous tournez généralement la pointe de vos pieds vers la porte ou loin de
votre interlocuteur. Le fait de tourner inconsciemment
le corps vers la porte peut également être un signe de
besoin d'évasion. De plus, le fait de regarder constam-
ment vers la porte peut également être un signe de
mensonge. Outre l'instinct de fuite, le fait de cacher ses
mains sous la table ou dans les poches de son pantalon
peut également indiquer que votre interlocuteur cherche à cacher quelque chose. De même, une personne
qui croise les pieds et les ramène ensuite en arrière
sous la chaise semble vouloir vous cacher quelque
chose. Si une personne a peur d'être prise en flagrant
délit de mensonge, elle se détournera rapidement si on
la regarde, de peur que son regard ne la trahisse.

Néanmoins, vous devez toujours garder à l'esprit
que de tels signes peuvent toujours être dus aux circonstances spécifiques d'une situation. Si votre interlocuteur s'apprête à quitter le travail, le fait qu'il commence à ranger son bureau avant de rentrer chez lui
n'est pas un signe de tromperie. Vous devez également
connaître depuis longtemps la personne que vous
soupçonnez de mentir. En effet, ce n'est que si elle a un
comportement différent de celui qu'elle a au quotidien
qu'il s'agit d'un mensonge. Par exemple, une personne

peut être très agitée et bouger beaucoup ou être anxieuse, ce qui signifie qu'elle se tournera probablement vers la porte. Vous devez observer votre interlocuteur dans des situations de la vie quotidienne et connaître son comportement afin de pouvoir détecter ses mensonges et ses tromperies.

RECONNAÎTRE LES TECHNIQUES DE MANIPULATION

La plupart du temps, le terme de manipulation décrit l'influence ciblée sur la pensée et le comportement d'autres personnes. L'influence est dissimulée et est donc souvent perçue de manière négative. Les personnes ayant des traits de personnalité sombres, en particulier, manipulent les autres pour des motifs égoïstes et égocentriques.

Comme ils privilégient leurs propres objectifs et qu'ils acceptent de blesser d'autres personnes dans le processus, les techniques de manipulation utilisées aboutissent souvent à un résultat négatif pour la personne manipulée. Peut-être êtes-vous déjà tombé dans le piège d'un manipulateur ? Ou vous voulez vous protéger en vous informant sur les méthodes des manipulateurs rusés ? Si tel est le cas, ce chapitre vous permettra de découvrir les techniques et stratégies de manipulation et de vous en protéger.

Le moyen le plus simple, et probablement le meilleur, de vous protéger d'un manipulateur est d'écouter votre propre intuition. Une situation vous semble étrange ? Vous avez du mal à faire confiance à une personne ? Dans ce cas, il vaut mieux prendre vos distances. De nombreuses techniques de manipulation fonctionnent en vous faisant culpabiliser ou en vous déstabilisant d'une autre manière. Cependant, si vous êtes confiant et sûr de vous, un manipulateur aura du mal à vous déstabiliser et à vous convaincre de ses idées. La première étape consiste donc à apprendre à se faire confiance et à se sentir à l'aise.

Mais parfois, même la personne la plus sûre d'elle a du mal à percer à jour un manipulateur et à faire confiance à son instinct. Les manipulateurs utilisent des stratégies habiles pour atteindre leur objectif. C'est pourquoi il peut être utile de connaître les 10 stratégies de manipulation les plus utilisées afin de comprendre un manipulateur et son intention dès le début.

1. Le principe de réciprocité

Le principe de réciprocité est fermement ancré au cœur de l'être humain. Si quelqu'un nous rend service, nous avons l'impression que nous devons lui rendre la pareille. C'est précisément ce principe qu'un manipulateur peut exploiter à merveille.

Il vous rend un petit service et profite de votre mauvaise conscience pour vous demander un service encore plus grand. Il vous sera difficile de refuser cette demande de sa part, car vous aurez le sentiment de lui devoir quelque chose. Un exemple simple de ceci peut être trouvé dans un restaurant. Si le serveur met une friandise à côté de l'addition, le pourboire est généralement plus élevé.

2. Principe du pied dans la porte

Dans ce principe également, le manipulateur vous demandera un petit service. Celui-ci peut vous orienter dans une direction apparemment anodine et sert de porte d'entrée. Vous lui rendrez ensuite beaucoup plus facilement un service plus important, car nous avons tendance à être cohérents. Vous avez du mal à en sortir. Par exemple, s'il vous demande de revoir une présentation pour une réunion importante quelques jours avant, il y a plus de chances que vous disiez oui s'il vous demande ensuite si vous pouvez faire la présentation avec lui. Il est important d'écouter votre instinct, de prendre le temps de réfléchir et de vous demander si vous voulez vraiment le faire.

3. Pénurie

Un manipulateur peut habilement vous mettre sous pression en affirmant que quelque chose est limité ou rare. Par exemple, dans le cas d'une décision, le temps ou le nombre de places est limité. Vous direz intuitivement "oui" plus rapidement que si vous n'aviez pas subi cette pression.

Ce principe est bien sûr souvent utilisé, notamment dans les publicités qui proposent des éditions limitées. Écoutez vos propres besoins, ne vous laissez pas mettre sous pression et ne vous sentez pas coupable de dire "non" aussi.

4. Le jeu de la peur

De la même manière qu'il est possible de faire pression avec des limitations, il est également possible d'exploiter la peur pour créer une pression. Si votre interlocuteur tente de susciter un sentiment de panique et d'anxiété avec des phrases telles que "Demain, il sera peut-être déjà trop tard" ou "Pourriez-vous vraiment vous pardonner si vous ne faisiez rien maintenant ?", il cherchera probablement à vous faire prendre une décision sous la pression du temps et de la peur. Là encore,

prenez le temps de réfléchir et ne prenez pas de décision hâtive.

5. L'ami sympathique

Cette technique repose sur le principe psychologique
selon lequel il nous est difficile de refuser un souhait à
une personne qui nous ressemble beaucoup et qui nous
est sympathique.

Un manipulateur exploite cette situation en
prétendant avoir des intérêts similaires aux vôtres et
en reflétant également votre langage corporel. Il vous
convaincra ainsi plus facilement de lui rendre service.
Encore une fois, le simple fait de connaître ce principe
vous incite à examiner ses hobbies et ses intérêts d'un
œil critique. Si une situation vous semble étrange ou
inconfortable, voyez si votre interlocuteur reflète votre
attitude et vos signaux corporels. Un exemple typique
est celui d'un vendeur qui mentionne en passant qu'il
a les mêmes hobbies que l'acheteur potentiel.

6. Le principe d'autorité

Les manipulateurs utilisent et acquièrent des titres afin
de paraître crédibles et d'inspirer confiance. Ainsi, les
gens remettent moins souvent en question son jugement, car il est un expert. Il tente d'utiliser son titre ou

son statut d'expert pour rendre crédibles de faux arguments.

Vérifiez ses déclarations si quelque chose vous semble étrange, ou demandez son CV et essayez de démasquer ses mensonges. Un autre exemple d'exploitation du principe d'autorité est lorsque le manipulateur tente de faire passer votre chef pour un autre en affirmant : "Le chef a dit que...". Là encore, si la demande est atypique, vous devriez en parler personnellement à votre chef. Dans le meilleur des cas, la tentative de manipulation peut ainsi être démasquée immédiatement.

7. Transmission sélective des informations

Une technique de manipulation relativement courante consiste à omettre certaines informations ou à les mettre en évidence. Si vous avez l'impression que l'on vous cache quelque chose, enquêtez. Essayez autant que possible d'obtenir vos propres informations et de voir quels intérêts votre interlocuteur défend. Un éventuel conflit d'intérêts peut être à l'origine de l'omission d'informations pertinentes.

8. Surinformation

Contrairement à l'omission d'informations, cette stratégie de manipulation consiste à présenter une surabondance d'informations.

Votre interlocuteur essaie de vous submerger d'informations, souvent sans importance, à tel point que vous finissez par ne plus savoir de quoi il s'agit. Si vous rentrez chez vous après avoir reçu trop d'informations, demandez-vous quel était l'objectif de la conversation.

9. Le suivisme

En tant qu'êtres humains, nous avons besoin de nous joindre à des groupes. Ce que font beaucoup d'autres sera bien. Mais c'est là que cela peut devenir dangereux. Si vous vous contentez de suivre les autres sans vous poser de questions, vous risquez d'être manipulé. La pression sociale doit être évitée.

10. Chantage émotionnel

La plupart du temps, le manipulateur essaie de vous faire chanter avec des sentiments. Les sentiments fortement négatifs et pénibles sont au premier plan. La plupart du temps, les gens acceptent les demandes afin d'éviter les conflits. Cette stratégie est particulièrement utilisée dans les relations de couple, où il existe une dépendance émotionnelle. Il n'est pas rare que des sentiments de culpabilité soient générés chez vous, que des reproches soient formulés et que des menaces soient proférées.

Cela peut aller jusqu'à vous faire développer une dépression à cause de votre sentiment de culpabilité. Soyez donc très attentif aux reproches et aux menaces de votre partenaire, tels que : "Si tu m'aimais vraiment, tu ne ferais pas une chose pareille", "J'ai renoncé à tant de choses à cause de toi...", ou "Je ne sais pas si je pourrais encore être avec toi si tu fais une chose pareille". Vous ne devriez pas laisser passer ces remarques, mais discuter de ces reproches avec votre partenaire d'égal à égal et vous y opposer.

Toutes les manipulations n'ont pas une intention malveillante. Parfois, par exemple, l'omission d'une information peut ne pas avoir de motif délibérément malveillant. Les stratégies de manipulation sont souvent utilisées dans les négociations pour obtenir le résultat souhaité. Toutefois, si les techniques de manipulation impliquent de blesser et d'exploiter facilement d'autres personnes pour atteindre ses propres objectifs, il convient d'intervenir d'urgence.

APPLIQUER LES TECHNIQUES DE LA PSYCHOLOGIE

Après avoir appris à reconnaître et à démasquer la manipulation et les mensonges, vous découvrirez dans ce chapitre comment convaincre votre interlocuteur du bien-fondé de vos arguments, même lors d'une négociation ou d'un entretien de persuasion. Vous allez maintenant apprendre à utiliser des techniques psychologiques pour atteindre votre objectif. Veillez toutefois à toujours rester aimable et objectif.

Apprendre les tactiques de négociation et de persuasion

Les tactiques de persuasion sont présentes partout dans la vie quotidienne. La plupart du temps, les personnes utilisent des tactiques de persuasion lorsqu'elles souhaitent atteindre un objectif particulier et impliquer les autres dans la réalisation de cet objectif. Bien entendu, il est également possible de prendre des décisions en solitaire.

Mais nous, les humains, sommes des êtres vivants qui recherchent des solutions socialement acceptables. Par exemple, vous serez plus enclin à essayer de convaincre votre partenaire d'acheter une nouvelle télévision sur plutôt que de l'acheter seul. Tout ce dont vous avez besoin pour convaincre votre partenaire, ce sont des tactiques et des arguments cohérents. Selon le psychologue Noah Goldstein, l'efficacité de l'utilisation consciente de stratégies de persuasion est scientifiquement prouvée. Même dans les négociations, il peut être utile d'utiliser des tactiques et des stratégies pour atteindre ses propres objectifs. En particulier, si vous voulez réussir vos négociations, vous ne pourrez pas éviter ces techniques. Outre une attitude confiante, les 10 stratégies suivantes peuvent vous aider à convaincre les autres du bien-fondé de vos arguments. D'autre part, les techniques présentées vous permettent également de reconnaître quand quelqu'un essaie de vous convaincre de manière stratégique.

1. Contrôler les émotions

Plus vous êtes neutre lors d'une négociation, plus vous serez en mesure de convaincre votre interlocuteur. Les réponses ouvertes et honnêtes ainsi que l'humour vous permettent également d'être plus convaincant.

En revanche, si vous négociez avec un manipulateur ou une personne à la personnalité sombre , vous devez réfléchir à l'avance à la manière dont vous allez présenter vos arguments de manière ouverte et honnête, car votre interlocuteur continuera à essayer de vous manipuler.

2. Faites la première offre.

Des études scientifiques montrent que la première offre faite au cours d'une conversation ou d'une négociation est utilisée comme référence pour les arguments et les offres qui suivent. Vous pouvez exploiter ce savoir en argumentant en premier et en fixant ainsi la valeur de référence. Les psychologues parlent ici d'effet d'ancrage.

3. Faites des compliments.

Même dans les entretiens de persuasion, les personnes avec ou sans traits de personnalité sombres aiment recevoir des compliments et des éloges. Les compliments sont particulièrement utiles avant un entretien de persuasion.

Par exemple, si vous attendez d'une personne qu'elle comprenne bien une situation, vous pouvez commencer la veille à dire de votre interlocuteur qu'il est très compréhensif. La probabilité que votre interlocuteur comprenne votre situation le lendemain augmente fortement.

4. Petits pas.

Ne claquez pas la porte dès le départ. Si vous voulez convaincre votre interlocuteur d'un changement important, commencez par de petites étapes. La plupart des gens n'aiment pas le changement, c'est pourquoi vous devez les rassurer en les amenant progressivement vers votre objectif. Utilisez le principe du "pied dans la porte" décrit précédemment en demandant d'abord une petite faveur, puis une plus grande.

5. Faites des comparaisons.

Comme nous sommes des animaux grégaires, nous avons tendance à nous laisser convaincre par la masse. Utilisez cette faiblesse en faisant des comparaisons du type : "Mon amie a également acheté une nouvelle télévision et elle en est très satisfaite". Les comparaisons augmentent la probabilité de convaincre votre interlocuteur.

6. peu d'alternatives.

Présentez toujours des alternatives lors des négociations. L'homme a peur d'être incapable d'agir et a donc besoin d'alternatives en cas de critique. Vous devez présenter des solutions pour sortir de la situation.

Veillez toutefois à présenter des alternatives

concrètes et aussi peu nombreuses que possible. Dans le cas contraire, votre interlocuteur se sentira dépassé et mettra beaucoup plus de temps à prendre une décision. Des études ont montré que lorsque les gens se voient proposer trop d'options, ils reportent ou évitent de choisir l'option la plus appropriée.

7. silence tactique.

Rares sont les personnes qui supportent le silence et l'immobilité dans les conversations ou les négociations. Vous pouvez en tirer avantage. Posez votre demande et restez silencieux. Regardez votre interlocuteur dans les yeux et attendez. La plupart des gens trouvent cela très désagréable et tenteront de rompre le silence. Mais restez ferme. Ne réagissez pas à la résistance, mais répétez votre demande. Votre interlocuteur tentera de briser votre silence en se justifiant. Au fur et à mesure, il utilisera des arguments de plus en plus faibles pour briser le silence. Tout ce que vous avez à faire est d'attendre et de réfuter ses arguments faibles à la fin.

8. créer un sentiment de culpabilité

Tout comme les manipulateurs habiles tentent de faire naître un sentiment de culpabilité chez les autres afin de parvenir à leurs fins, vous pouvez également utiliser cette technique. Par exemple, lors de négociations, essayez de pousser les exigences de votre interlocuteur à l'extrême.

N'hésitez pas à exagérer et à le faire culpabiliser sur ses propres exigences. Vous pourriez par exemple dire en tant que manager : "Si tout le monde prenait autant de congés que vous, il n'y aurait plus personne pour servir nos clients et nous pourrions fermer le magasin".

9) Ne présentez pas immédiatement tous les arguments forts.

Veillez à commencer votre négociation par un argument fort. Réservez un argument tout aussi fort jusqu'à ce que vous remarquiez que votre interlocuteur commence à se lasser. Si vous présentez un nouvel argument fort, votre interlocuteur cédera plus rapidement et vous fera des concessions.

10. faites attention à la fin.

Essayez de rester concentré jusqu'à la fin de la négociation. Même après un accord, utilisez les dernières minutes de la discussion pour faire valoir vos exigences. A la fin, remettez tout en question et ajoutez une nouvelle demande. Votre interlocuteur sera fatigué et apathique et cédera donc trop vite à votre nouvelle demande.

Grâce aux tactiques de persuasion et de négociation présentées ci-dessus, il est peu probable que quelqu'un vous dise non de sitôt. Veillez toutefois à ne pas vous montrer méchant ou hostile envers votre interlocuteur sur . Appliquez les techniques de conversation tout en respectant vos principes moraux et vos limites. Les techniques peuvent être utilisées individuellement dans la conversation. Cependant, vous devez faire attention à l'objectif principal de votre conversation.

Vous voulez convaincre votre partenaire de changer la couleur des murs de votre chambre ou vous voulez négocier avec votre patron pour obtenir plus d'argent ? Des objectifs différents nécessitent des approches différentes. Assurez-vous de pouvoir vous préparer suffisamment à une négociation et évitez ainsi les rendez-vous de dernière minute.

Ainsi, vous ne serez pas pris au dépourvu par votre interlocuteur et vous pourrez prendre des décisions en toute connaissance de cause. En règle générale, maintenez toujours le contact visuel pendant une conversation, ayez l'air sûr de vous et soyez également conscient de l'ampleur de vos actions. Par exemple, si vous culpabilisez quelqu'un pour atteindre votre objectif, vous devez savoir à l'avance si cela est compatible avec vos valeurs morales personnelles. Soyez toujours aimable et sympathique et n'ayez pas peur de poser des questions spécifiques si quelque chose n'est pas clair. Utilisez votre langage de manière ciblée, car il est souvent à l'origine d'une grande partie du succès.

TOUT CE QUE VOUS AVEZ APPRIS

J'espère que vous avez trouvé dans ce guide ce que vous cherchiez et qu'il a répondu à vos attentes. Vous avez appris ce qu'est une personnalité sombre et comment la reconnaître. Vous savez désormais déceler et démasquer les mensonges et les techniques de manipulation. Vous savez comment faire face à une personne au caractère sombre et ce qu'il vaut mieux éviter dans l'interaction sociale. Si possible, gardez vos distances et ne vous laissez pas prendre au jeu. Car, même si vous disposez désormais de connaissances étendues, les personnalités sombres sont des maîtres de la tromperie et trouveront un moyen de vous nuire.

Si une personne de votre entourage présente des

signes de troubles de la personnalité, n'hésitez pas à lui en parler doucement et à chercher ensemble à la soulager. Ne vous mettez pas un boulet au pied. Il est généralement difficile d'aider les personnes souffrant de troubles de la personnalité sans l'aide d'un professionnel. Prenez soin de vous et de votre santé et apprenez à dire "non" de temps en temps. Les techniques de persuasion et de négociation présentées ici vous permettront également de mener des discussions fructueuses et d'atteindre vos objectifs. Bien entendu, cela dépend toujours des circonstances de la situation.

Néanmoins, vous pouvez essayer d'appliquer une ou deux stratégies lors de votre prochain entretien afin de vous rapprocher du résultat souhaité.

9 7 9 8 2 2 4 1 4 4 2 9 7